BEI GRIN MACHT SICH IHR WISSEN BEZAHLT

- Wir veröffentlichen Ihre Hausarbeit, Bachelor- und Masterarbeit

- Ihr eigenes eBook und Buch - weltweit in allen wichtigen Shops

- Verdienen Sie an jedem Verkauf

Jetzt bei www.GRIN.com hochladen und kostenlos publizieren

Bibliografische Information der Deutschen Nationalbibliothek:

Die Deutsche Bibliothek verzeichnet diese Publikation in der Deutschen National-bibliografie; detaillierte bibliografische Daten sind im Internet über http://dnb.d-nb.de/ abrufbar.

Impressum:

Copyright © 2016 GRIN Verlag, Open Publishing GmbH
Druck und Bindung: Books on Demand GmbH, Norderstedt Germany
ISBN: 978-3-668-20568-0

Bahadir Oral

Claus von Stauffenberg. Die Biographie, das Attentat und eine Analyse einer Rundfunkansprache von Hitler nach dem Attentat

GRIN Verlag

GRIN - Your knowledge has value

Der GRIN Verlag publiziert seit 1998 wissenschaftliche Arbeiten von Studenten, Hochschullehrern und anderen Akademikern als eBook und gedrucktes Buch. Die Verlagswebsite www.grin.com ist die ideale Plattform zur Veröffentlichung von Hausarbeiten, Abschlussarbeiten, wissenschaftlichen Aufsätzen, Dissertationen und Fachbüchern.

Besuchen Sie uns im Internet:

http://www.grin.com/

http://www.facebook.com/grincom

http://www.twitter.com/grin_com

Geschichte

Facharbeit

<u>**Thema:**</u>
Claus von Stauffenberg
Der Widerstand

Bahadir Oral

Velbert

2016

<u>**Gesamtschule Velbert-Mitte**</u>
<u>**Jahrgangsstufe 12**</u>
<u>**2015/2016**</u>

Inhaltsverzeichnis

1. Einleitung

In meiner Facharbeit beschäftige ich mich mit Claus von Stauffenberg. Er wird häufig als das Symbol und die Person für den Widerstand gegen Hitler bezeichnet.

Es gab etliche Attentatsversuche und Anschläge auf Hitler und seine Mitarbeiter, jedoch gelang es keinem Hitler zu töten. Meist waren es unerwartete Verspätungen, Veränderungen oder Absagen, die ihm sein Leben retteten. Eines der bekanntesten fehlgeschlagenen Attentate ist der Anschlag auf Hitler am 20. Juli 1944 und der darauffolgende Staatsstreich. Da ich mich des Öfteren gefragt habe, wie er so viele Attentate überleben konnte, habe ich mich entschieden ein Attentat auf Hitler als Thema für meine Facharbeit zu nehmen. Der Anschlag von Stauffenberg ragte zwischen all den anderen Attentatsversuchen heraus. Dies lag an seinem Plan, Hitler nicht nur zu töten sondern auch gleich seine Regierung durch einen Putsch zum Umsturz zu bringen. Denn nur Hitlers Tod alleine hätte nicht viel geändert. Seine treuesten Mitarbeiter wie z.B. Himmler und Goebbels hätten das NS-Regime weiterführen können. In meiner Facharbeit stelle ich als erstes, nach einer gründlichen Recherche mehrerer Büchern und Biographien Stauffenbergs Leben vor und zeige dabei auch wie er zum Widerstand kam. Anschließend beschreibe ich das Attentat selbst in der Planung, Durchführung und erläutere die Folgen dessen.

Meine Facharbeit beende ich mit einer Analyse und Beurteilung der Ansprache von Hitler, die er nach dem Attentat vom 20. Juli 1944 über Rundfunk hielt.

2. Claus Graf Schenk von Stauffenberg

2.1 Biographie

Claus Philipp Maria Graf Schenk von Stauffenberg wurde am 15. November 1907 in Jettingen, im bayrischen Schwaben, geboren. Er war der dritte Sohn von Alfred Schenk Graf von Stauffenberg (1860 - 1936) und dessen Ehefrau Caroline (1875-1956). Claus von Stauffenberg wuchs mit seinen zwei Jahre älteren Zwillingsbrüdern (Alexander und Berthold) in Stuttgart auf und wurde katholisch erzogen. Er hatte noch einen weiteren Zwillingsbruder namens Konrad Maria, der jedoch am Tag nach der Geburt verstarb.[1] Claus besuchte ab 1913 eine Privatschule für Elementarunterricht und wechselte anschließend im Herbst 1916 auf das Eberhard-Ludwigs-Gymnasium. Die Zwillingsbrüder waren ebenfalls auf dieser Schule. Mit 16 Jahren im Jahr 1923 entdeckten Claus und sein zwei Jahre älterer Bruder Berthold von Stauffenberg den Kreis um den Dichter Stefan George und wurden anschließend in den Freundeskreis von diesem aufgenommen.[2]

Nachdem Claus von Stauffenberg im April 1926 sein Abitur vorzeitig bestanden hatte trat er drei Wochen später in das Reiterregiment 17 in Bamberg als Fahnenjunker ein. Daraufhin besuchte er die Kavallerieschule in Hannover, schloss die Offiziersprüfung als Jahrgangsbester der Kavallerie ab und bekam einen Ehrensäbel. Nach einem Minenwerferlehrgang in Döberitz wurde er im März 1931 Kommandeur des Minenwerferzugs. Bei den Reichspräsidentenwahl 1932 sprach sich Claus von Stauffenberg für Hitler aus, durfte jedoch als Offizier nicht wählen. Hitlers Konkurrent Paul von Hindenburg „sei reaktionär und viel zu alt"[3]. Hindenburg wurde jedoch mit 53,1 Prozent erneut Reichspräsident. Die Ernennung Hitlers zum Reichskanzler am 30. Januar 1933 begrüßte Stauffenberg ausdrücklich, da er von den Erneuerungsideen der NS-Regierung beeindruckt war und erhoffte sich einen nationalen Wiederaufbau. Hitler versprach das Selbstwertgefühl zu stärken und die Volksgemeinschaft auf ein Ideal zu erheben. Jedoch erkannte man nicht, dass die Juden von diesen Versprechungen ausgeschlossen waren. Unter der NS-Regierung wurde Claus am 1. Mai 1933 zum Oberleutnant befördert.

Claus von Stauffenberg ließ seine familiären Wünsche auch nicht außer Acht und heiratete am 26. September 1933 Nina von Lerchenfeld, mit der er seit drei Jahren heimlich verlobt war. Claus bekam mit ihr fünf Kinder: Berthold, Heimeran, Franz-Ludwig, Valerie und Konstanze.

Seine Karriere setzte Claus von Stauffenberg 1934 als Bereiter-Offizier an der Kavallerieschule Hannover fort. Dort absolvierte er eine Wehrkreisprüfung und erwarb das Diplom als Militärdolmetscher in Englisch und erhielt dafür einen zweiwöchigen Aufenthalt an der Militärakademie in Großbritannien. Sein Ziel war es, eine Ausbildung als Generalstabsoffizier an der Kriegsakademie in Berlin zu erreichen. Dazu musste man jedoch in die Begabtenauslese kommen. Da Claus von Stauffenberg schon Beachtliches erreicht

---

[1] Gerd Ueberschär, Stauffenberg – Der 20. Juli 1944, Frankfurt am Main, 2004, S.88
[2] Harald Steffahn, Stauffenberg, Hamburg, 1994, S. 18-24
[3] Guido Knopp, Stauffenberg- Die wahre Geschichte, 2008, S. 55

hatte wurde er nach seinem Englandaufenthalt in die Begabtenauslese aufgenommen und war somit für die Ausbildung zum Generalstabsoffizier qualifiziert.

Nach seiner erfolgreichen Ausbildung wurde er am 1. Januar 1937 zum Rittmeister befördert. Am 1. August 1938 wurde er als Zweiter Generalstabsoffizier (Ib) zur 1. Leichten Division in **Wuppertal** abkommandiert und erreichte eines seiner festgelegten Ziele.[4] Ein Jahr später am 1. September 1939 brach der zweite Weltkrieg aus, den Claus von Stauffenberg trotz der Furchtbarkeit eines Krieges als eine Erlösung ansah.[5] Im selben Jahr wurde Claus von Stauffenberg gebeten an einem Umsturzversuch teilzunehmen, er lehnte jedoch, obwohl er von den Ausschreitungen der Reichspogromnacht entsetzt war, ab. Er stand in einem Zwiespalt zwischen seinem Treueeid und dem Widerstand gegen die Politik Hitlers. Seine nächste wichtige Beförderung zum Major im Generalstab fand am 1. Januar 1941 statt. Darauf folgte im Januar 1943 die Beförderung zum Oberstleutnant i. G.

1943 wurde Stauffenberg als Erster Generalstabsoffizier der 10. Panzerdivision nach Tunesien versetzt um den Rückzug von Generalfeldmarschall Erwin Rommel zu decken. Bei einem Tieffliegerangriff durch alliierte Jagdbomber wurde Stauffenberg jedoch schwer verletzt und verlor sein linkes Auge, die rechte Hand und zwei Finger der linken Hand. Mittlerweile war auch er davon überzeugt, dass Hitler beseitigt werden müsse, da seine Politik sehr viele Verluste verursachte. Nach seiner Genesung wurde ihm das Goldene Verwundetenabzeichen verliehen und anschließend wurde er mit dem Deutschen Kreuz in Gold ausgezeichnet. Nach seinem Erholungsurlaub in Lautlingen schloss er sich dem Kreisauer Kreis, einer Widerstandsgruppe, an und erarbeitete mit General Olbricht, Oberst Albrecht Ritter Mertz von Quirnheim und Generalmajor von Treskow einen Staatsstreich unter dem Decknamen „Walküre" aus. [6]

Durch seine Beförderung am 1. Juli 1944 zum Oberst im Generalstab und zum Stabschef des Befehlshabers des Ersatzheeres, hatte er nun auch direkten Zugang zu Hitler. Am 17. Juli 1944 erfuhr Stauffenberg, dass er am 20. Juli zu einer Besprechung in der Wolfschanze erscheinen müsse. An diesem Tag wollte er das geplante Attentat ausführen. Nach dem Scheitern des Attentates, sowie des Staatsstreiches am 20. Juli 1944 in Berlin wurde Stauffenberg verhaftet. Am selben Tag ordnete General Fromm eine sofortige Hinrichtung wegen Hochverrats an. Claus Schenk Graf von Stauffenberg solle kurz vor dieser „Es lebe das heilige Deutschland" gerufen haben. Er wurde vorerst mit Uniform und Ehrenzeichen bestattet, doch Himmler ließ ihn wieder ausgraben, verbrennen und seine Asche über die Felder streuen.

[4] Guido Knopp, Stauffenberg – Die wahre Geschichte, 2008, S.86
[5] Guido Knopp, Stauffenberg – Die wahre Geschichte, 2008, S.94
[6] Christian Graf von Krockow, Eine Frage der Ehre, Berlin, 2002 S. 95-105

3. Das Attentat

3.1 Vor dem Attentat

Hitlers Politik wurde von vielen zivilen Kreisen kritisiert. Es bildeten sich zum Teil auch Widerstandgruppen, die bereit waren alles zu tun um Hitler zu beseitigen. Hitler war jedoch nur schwer verwundbar. Er überlebte 42 dokumentierte Attentate, die er am Ende als Beweis dafür sah, von Gott bestimmt zu sein und betrachtete diese letztlich als Vorsehung. Ein Attentat auf Hitler zu planen war recht schwer. Öffentliche Veranstaltungen wurden teilweise kurzfristig abgesagt oder verschoben. An die Zeitpläne hielt er sich ebenso wenig. Dies machte die feste Planung eines Attentats fast unmöglich.

Einen festen Termin gab es für Hitler jedoch immer, den 8. November. Dies war der Jahrestag des gescheiterten Putsches, an dem er jedes Jahr eine Rede im Münchener Bürgerbräukeller hielt. Georg Elsner (1903-1945) wusste, dass er 1939 wieder eine Rede halten würde und entschied sich eine Zeitbombe „in jene bestimmte Säule hinter dem Rednerpodium zu packen"[7]. Die Säule habe er ausgewählt, da er ebenfalls geplant hatte, andere in der Führung zu töten, indem er das Gebäude einstürzen lies. Doch dieser Plan scheiterte, da Hitler seine Ansprache kürzer als vermutet hielt. Die Bombe explodierte dreizehn Minuten nachdem Hitler das Gebäude verlassen hatte.

Nach diesem gescheiterten Attentat wurden die Sicherheitsvorkehrungen für Hitler um ein vielfaches erhöht. Für die zivile Bevölkerung war ein Attentat auf Hitler fast unmöglich geworden. Nur die Wehrmacht hatte die Möglichkeit, Hitler so nah zu kommen um ihn auch töten zu können.

Für den 16. Dezember 1943 plante Hauptmann Axel von dem Bussche, Hitler bei einer Winteruniformenvorführung zu töten. Er ließ sich als „Modell" einteilen und plante mit zwei entsicherten Handgranaten in den Taschen Hitler zu umklammern bis die Handgranaten explodieren würden. Doch am Abend vorher brannte der Güterwagon mit den Uniformen ab und die Vorführung wurde abgesagt.

Es gab keinen Verschwörer, der direkten Zugang zu Hitler hatte bis Claus von Stauffenberg zum Chef des Stabes des Ersatzheeres befördert wurde. Stauffenberg entschied sich bzw. sah sich gezwungen, das Attentat selbst durch zu führen. Nach langer Planung scheiterte sein Plan zweimal. Den ersten Attentatsversuch am 11. Juli 1944 brach er ab, weil Heinrich Himmler nicht an der Besprechung teilnehmen sollte. Am 15. Juli 1944 musste Stauffenberg nochmals abbrechen, da Hitler, während Stauffenberg von einem Telefonat zurückkehrte, den Raum verließ. Seine letzte Chance war nun der 20. Juli 1944.

3.2 Die Planung

Der Umsturzplan bestand aus zwei Teilen. Einmal das Attentat auf Hitler selbst und danach der darauffolgende Staatsstreich. Das Attentat auf Hitler sollte durch zwei Bomben (C1) mit

---

[7] Berliner Verhörprotokoll 3.Tag , http://www.georg-elser-arbeitskreis.de/texts/geverhoer3.htm, aufgerufen am 10.02.16

je einem Kilo Sprengstoff (C1) aus britischer Herstellung erfolgen. Die Bomben konnte Stauffenberg problemlos in die Hochsicherheitszone „Wolfschanze" hinein transportieren, da nur Personenkontrollen durchgeführt wurden.

„Wir hatten wirklich Anweisung, nur Personenkontrollen vorzunehmen, keine Gepäckkontrollen, keine Kontrollen von Aktentaschen, auch nicht auf Waffen. Da hätte jemand ein Maschinengewehr auf dem Rücken tragen können, ich hätte ihn trotzdem durchgelassen"[8] sagte später der Wachposten Kurt Salterberg.

Damit Claus von Stauffenberg genug Zeit hatte den Besprechungsraum zu verlassen, wurden chemische Zeitzünder verwendet. Der Plan war recht einfach. Stauffenberg sollte vor der Besprechung die Zünder mittels einer gesonderten Zange aktivieren, beide Sprengsätze in seine Aktentasche packen und zur Besprechung gehen. Anschließend musste er die Tasche sehr nah an Hitler platzieren.

Olbricht, der ebenfalls eine wichtige Rolle für den Umsturz spielte, sollte aus Berlin die Wolfschanze kontaktieren, um Stauffenberg an das Telefon zu bitten. Stauffenberg sollte somit unter einem Vorwand den Bunker verlassen können und mit dem Wagen, den Werner von Heaften schon vorher organisiert hatte, sich in Richtung Flugplatz bewegen. Nach der Explosion sollten alle Nachrichtenverbindungen durch General Erich Fellgiebel abgeschnitten werden, sodass aus der Wolfschanze keine Nachrichten mehr gesendet werden können. Währenddessen sollte der Generaloberst Fromm im Bendlerblock in Berlin den Walküre-Plan auslösen und somit den Staatsstreich einleiten. Der Staatsstreich „Walküre" musste jedoch viel früher geplant werden. Der Walküre-Plan war ursprünglich dafür vorgesehen um innere Unruhen durch das Ersatzheer niederzuschlagen, falls Zwangsarbeiter oder Kriegsgefangene in Deutschland einen Aufstand starten sollten. Henning von Tresckow und Claus Schenk Graf von Stauffenberg sahen Lücken und Schwachstellen in diesem Plan und nutzten die Gelegenheit den Plan unauffällig umzuschreiben. Sie fügten teilweise neue Befehle ein, so dass durch den Walküre-Plan die SS, SD, die Gestapo und die NSDAP im Rahmen des Planes durch das Ersatzheer ausgeschaltet werden konnten. Somit konnten sie ihre eigene Regierung in einem „unauffälligen" Putsch durchsetzen. Stauffenberg hatte als einziger unter den Verschwörern Zugang zu Hitler. Er präsentierte persönlich die überarbeitete Version der Walküre-Pläne an Hitler und ließ sie ihn dann auch unterschreiben.

Nach einem erfolgreichen Putsch, sollte anschließend im Radio die Übernahme der Regierung an die Bevölkerung verkündet werden.

Demnach hatte Stauffenberg eine Doppelposition. Er musste sowohl die Bombe in der Wolfschanze (Ostpreußen) zünden als auch schnellstmöglich wieder nach Berlin zurückkehren um dort den Staatsstreichversuch zu leiten.

Somit war alles für einen reibungslosen und schnellen Umsturz vorbereitet.

---

[8] Guido Knopp, Stauffenberg – Die wahre Geschichte, 2008, S.188

3.3 Durchführung

Der 20.Juli 1944, heute sollte die große Wende in der deutschen Geschichte kommen und das NS-Regime endgültig beseitigt werden.

Am frühen Morgen um 6 Uhr verließ Claus von Stauffenberg sein Haus an der Tristianstraße 8 in Wannsee. Stauffenberg und der Fahrer Karl Schweizer fuhren anschließend zum Flugplatz Rangsdorf. Dort warteten bereits die Mitverschwörer Stauffenbergs Adjutant Oberleutnant Werner von Haeften und Generalmajor Hellmuth Stieff. Um 7 Uhr kamen sie am Flugplatz Rangsdorf im Süden Berlins an, starteten jedoch aufgrund des Morgennebels erst um 8 Uhr. Die Sprengstoffpakete mit je einem Kilo Gewicht trug Werner von Haeften in seiner Aktentasche mit sich.

Um 10.15 Uhr landete die Maschine auf dem Flugplatz Rastenburg in Ostpreußen. Mit einem Wagen der Kommandantur fuhren sie anschließend zur sechs Kilometer entfernten Wolfsschanze. Die Wolfsschanze hatte drei sogenannte Sperrkreise.

Um 11.00 Uhr erreichte Stauffenberg Sperrkreis I, in dem auch die Besprechung um 13.00 Uhr stattfinden sollte. Nach einer reinen Personenkontrolle durchquerte er die Grenze zum Inneren des Sperrkreises I und meldete sich bei Feldmarschall Keitel um mögliche Fragen während der Lagebesprechung noch einmal durchzugehen.

Kurze Zeit später erreichte Keitel ein Anruf. Die Lagebesprechung sei aufgrund des zu erwartenden Besuches von Benito Mussolinis um eine halbe Stunde vorverlegt worden. Stauffenberg blieben somit nur wenige Minuten Zeit um die Bomben scharf zu machen. Unter dem Vorwand sein Hemd wechseln zu wollen bat Stauffenberg um einen Raum. Zusammen mit Haeften, der die Bomben dabei hatte, betraten sie schnell das Zimmer um die Bombe scharf zu machen. Haeften packte die Sprengsätze, Zeitzünder und die spezielle Flachzange aus. Um die Bombe zu aktivieren, musste Stauffenberg zuerst die Sprengsätze mit einem Zünder versehen und anschließend die Säureampulle mit der Flachzange zerbrechen, sodass die Säure anfängt den Draht zu zersetzten, der den Schlagbolzen für die Zündung hält.

Kurz nachdem er die erste Bombe scharf gestellt hatte, öffnete plötzlich Oberfeldwebel Vogel die Tür und stieß gegen Stauffenbergs Rücken. Oberfeldwebel Vogel teilte anschließend mit, dass General Fellgiebel um Rückruf bete, während im Hintergrund Oberstleutnant John von Freyend nach Stauffenberg rief. Der Anruf vom Mitverschwörer Fellgiebel war eigentlich geplant, damit Stauffenberg später einen Vorwand gehabt hätte, die Besprechung verlassen zu können. Der Zeitpunkt jedoch war sehr ungünstig, so dass sich Stauffenberg entschied nur die eine aktivierte Bombe in seine Aktentasche zu legen. Die andere Bombe und die Zünder nahm Haeften überstürzt an sich und verließ den Raum. Stauffenberg machte sich kurz darauf auf den Weg zum Besprechungsraum. Um 12.32 Uhr betrat Stauffenberg den Besprechungsraum. Um den großen Eichentisch waren schon 25 Personen schon versammelt. Stauffenberg nahm den Platz neben Hitler ein und platzierte seine Aktentasche so nah wie möglich an Hitler. Unter dem Vorwand telefonieren zu müssen, verließ Stauffenberg zusammen mit Oberstleutnant John den Raum.

Stauffenberg legte den Hörer zur Seite, verließ den Raum und stieg zusammen mit Haeften und Fellgiebel in den Wagen. In diesem Moment explodierte die Bombe. Dabei starben 4 Personen, die restlichen Teilnehmer wurden mittelschwer verletzt. Hitler war unversehrt. Das erste Tor konnten sie noch problemlos durchqueren. Als sie jedoch am zweiten Tor ankamen wurde bereits der Alarm ausgelöst. Feldwebel Kolbe verweigerte die Durchfahrt. Stauffenberg forderte eine Telefonverbindung zu dem Kommandanten des Führerhauptquartiers. Dort erlaubte anschließend Rittmeister Möllendorf, der vorübergehend den Kommandanten vertrat und den Grund der Explosion nicht kannte, die weitere Durchfahrt für Stauffenberg. Daraufhin machten sie sich so schnell wie möglich auf dem Weg zum Flugplatz. Dort stiegen sie um 13.15 Uhr in das Flugzeug ein und trafen nach ca. 2 Stunden Flug in Berlin Rangsdorf ein.

Olbricht hatte immer noch Operation Walküre nicht ausgelöst, weil er noch keine eindeutigen Hinweise auf Hitlers Tod bekommen hatte. Oberst Albrecht Mertz von Quirnheim versetzte jedoch ohne die Erlaubnis von Olbricht das Ersatzheer in Alarmbereitschaft. Erst als Haeften nach der Landung mit General Olbricht telefonierte und ihm ausdrücklich übermittelte, dass Hitler tot sei, löste Olbricht Operation Walküre im Namen von Generaloberst Fromm aus, der bereits telefonisch über das Scheitern des Attentates informiert war und sich dem Auslösen von Walküre widersetzte. Wenig später erschien Stauffenberg im Bendlerblock und ging persönlich zu Fromm und versuchte Ihn davon zu überzeugen, dass Hitler tot sei. Fromm jedoch riet Stauffenberg aufgrund des gescheiterten Attentats sich selbst zu erschießen oder er müsse ihn verhaften lassen. Olbricht drehte jedoch den Spieß um und veranlasste die Verhaftung von Fromm. Stauffenberg machte sich anschließend an die Arbeit und telefonierte mit den vielen verschiedenen Wehrkreisen. Goebbels Verhaftung war ebenfalls Bestandteil des Walküre-Plans. Major Remer betrat persönlich Goebbels Büro und informierte ihn über die Verhaftung. Goebbels stellte daraufhin eine persönliche Telefonverbindung mit Hitler her. Hitler fragte anschließend den Major: „Erkennen Sie meine Stimme?"[9]. Major Remer erkannte seine Stimme sofort, wurde während des Telefonates befördert und mit der Niederlegung des Putsches beauftragt. Um ca. 21.00 Uhr wurde der Bendlerblock von Remers Wachbataillons besetzt und Fromm wieder befreit. Um 00.10 informierte er alle Wehrkreise, dass der Putschversuch niedergeschlagen worden sei. Daraufhin wurden die Verschwörer General Olbricht, Oberstleutnant von Haeften, Oberst Mertz von Quirnheim und Oberst Schenk Graf von Stauffenberg auf Befehl von Fromm exekutiert. Stauffenberg soll kurz vor seiner Erschießung „Es lebe das heilige Deutschland!" gerufen haben.[10]

Um 00.01 sprach Hitler persönlich über alle Sender des Großdeutschen Rundfunks an das Volk.

---

[9] Christian Graf von Krockow, Eine Frage der Ehre,2002, S.139
[10] Harald Steffahn, Stauffenberg, 1994, S. 129

3.4 Nach dem Attentat

Nach dem Scheitern des Attentates und auch des Staatsstreiches unter dem Codenamen „Walküre" folgten viele Konsequenzen. Schnell wurde eine Sonderkommission gebildet deren Ermittlungen bis Mai 1945 andauerten.

Die Gestapo arbeitete auf Hochtouren um mögliche Mitverschwörer ausfindig zu machen. Es sollten alle Widerstandsgruppen ausfindig gemacht werden, dabei war es nicht wichtig ob diese in das Attentat vom 20. Juli verwickelt waren oder nicht. Die Bevölkerung war ebenfalls alarmiert und aufgrund der Befehle aus dem Rundfunk durch Hitler persönlich, waren sehr viele motiviert bei den Aufklärungsarbeiten mitzuhelfen. Dies hatte dementsprechend zur Folge, dass rund 5000 Menschen verhaftet wurden und rund 200 Exekutionen ausgeführt wurden. Diese Bilanz zeigt deutlich, wie gründlich und zielorientiert man versuchte jeglichen Widerstand zu bekämpfen damit solche Anschläge nicht wiederholt werden konnten.

Allen aktiven Verschwörern, die am 20. Juli beteiligt waren, wurde eine Sippenhaft angeordnet. Claus von Stauffenbergs Bruder Berthold von Stauffenberg wurde vor dem Volksgerichtshof von Roland Freisler zum Tode verurteilt. Die vier Kinder von Stauffenberg selbst, wurden in einem Kinderheim unter anderem Namen im Kinderheim Bad Sachsa untergebracht.

Von der Bevölkerung aus wurden alle Verschwörer anfangs als Verräter betitelt. Hitler konnte das Volk durchaus überzeugen, dass er der „Auserwählte" sei. In der späteren Zeit, nach dem Sturz des NS-Regimes, änderte sich dies jedoch. Mittlerweile sieht man das Attentat vom 20. Juli 1944 als Zeichen dafür, dass es auch viele gab, die gegen das NS-Regime waren und auch bereit waren gegen das unmenschliche Regime Widerstand zu leisten.

4. Rundfunkansprache von Hitler

4.1 Analyse der Ansprache

Bei der vorliegenden Primärquelle handelt es sich um eine Ansprache von Hitler am 21. Juli 1944. Anlässlich des am Vortag überlebten Attentatsversuches von Claus von Stauffenberg und des niedergeschlagenen Putsch wendet er sich um ca. 00.10 Uhr persönlich über den Rundfunk an das Volk. Zu diesem Zeitpunkt war das Volk sich noch unsicher, ob Hitler den Anschlag überlebt hatte. Durch diese Ansprache wollte er einerseits dem Volk beweisen, dass er am Leben sei und andererseits auch angesichts der bereits gescheiterten Attentatsversuche seine Herrschaft legitimieren.

Zu Beginn seiner Rede spricht er sein Volk mit den Worten „Deutsche Volksgenossen und - genossinnen!" (Z.1) an und nennt anschließend die Gründe, warum er diese Ansprache hält. Dabei erwähnt er, dass der Anschlag vom Vortag nur eines von vielen anderen ausgeführten Attentaten sei. Anschließend informiert er über die Attentäter und bezeichnet sie als eine „kleine Clique ehrgeiziger, gewissenloser und zugleich unvernünftiger, verbrecherisch-dummer Offiziere"(Z. 8ff) und behauptet zugleich, dass der Anschlag nicht nur gegen Ihn sondern auch gegen die Obersten in der Wehrmachtführung gerichtet sei.

Dann nennt er konkret „[...] Obersten Graf von Stauffenberg" (Z.11) als Attentäter und berichtet, dass es nach der Explosion sehr viele Verletzte und auch einen Toten gegeben habe. Er selbst sei völlig unverletzt. Hitler nimmt diese Ereignisse als eine Bestätigung seiner bisher verfolgten politischen Einstellung wahr und ist stark davon überzeugt von der Vorsehung für diesen Auftrag bestimmt worden zu sein. Daraufhin hebt er auch deutlich hervor, dass er derjenige gewesen sei, der trotz des sich annähernden Krieges bereit war Tag und Nacht für sein Volk und Deutschland zu arbeiten und alles dafür zu opfern. Im Laufe seiner weiteren Ansprache vergleicht er dieses Attentat mit den Ereignissen in Italien und dem sogenannten Dolchstoß im Jahre 1918. Am 25. Juli 1943 wurde Italiens Diktator Duce Benito Mussolini gestürzt. Hitler war zu der Zeit mit Italien verbündet, dieses Bündnis wurde jedoch nach dem Sturz des Diktators aufgelöst und Italien verbündete sich mit den Alliierten.[11]

Sein zweiter Vergleich war der „Dolchstoß in den Rücken" im Jahre 1918. Dies war eine geschaffene Theorie für die Niederlage des ersten Weltkrieges. Das Deutsche Reich habe nicht aufgrund eines Fehlers in der Heeresleitung oder der Überlegenheit der Gegner

---

[11] Der Spiegel, Mussolinis Sturz und Italiens Frontwechsel, http://www.spiegel.de/spiegel/print/d-46409509.html, aufgerufen am 17.02.2016

verloren sondern die Haltung der Sozialisten und Kommunisten habe zur Niederlage geführt.[12]

Im Folgenden wiederholt er nochmals, dass die Behauptung der Verschwörer, er sei tot, bereits widerlegt sei und stellt somit diese Behauptung als geplante Lüge dar. Wenig später erteilt Hitler zwei Befehle über den Rundfunk. Zivile Stellen sollen jegliche Befehle von den Verschwörern also den Usurpatoren nicht annehmen oder gar ausführen. Sein zweiter Befehl lautet, dass niemand sich den Usurpatoren unterwerfen sondern genau im Gegenteil diese melden, verhaften oder bei Widerstand sogar töten soll. Nach seiner Belehrung, wie das Volk mit Gegnern bzw. Usurpatoren umgehen solle, verkündet er überraschend schnell zwei neue Personalbesetzungen. Reichsminister Himmler sei zum Befehlshaber des Heimatsheeres und Generaloberst Guderian zum Generalstabschef ernannt worden. Hitler zeigt damit, wie schnell er in der Lage ist auf Attentate zu reagieren und schreckt somit weitere potenzielle Attentäter ab.

Im Folgenden teilt er seine Überzeugung mit, dass Deutschland nach der Beseitigung der „kleinen Verräter- und Verschwörer-Clique" nun viel stärker als zuvor sein werde und spielt dabei mit den Worten „im Rücken der Heimat" (Z.42) wieder auf den Dolchstoß im Jahre 1918 an. Infolgedessen versichert er, dass er mit dem kleinem „Klüngel ehrgeiziger, erbärmlicher Kreaturen" (Z.45) wie gewohnt endgültig abrechnen und dies auch „jeder anständige Offizier, jeder tapfere Soldat" (Z.48f) verstehen werde. Hitler zeigt nochmals deutlich, was er mit den Usurpatoren machen werde und lässt anschließend seine direkte Exekutionspolitik dadurch rechtfertigen, dass seine Offiziere und Soldaten, die er betont als anständig und tapfer bezeichnet, ebenso gehandelt hätten und dies durchaus auch verstehen könnten.

Obwohl er am Anfang bereits von der Vorsehung gesprochen hat, greift er es nochmal auf und fügt hinzu, dass sein Leben unwichtig sei, da er nur für sein Volk lebe und demzufolge dem Schöpfer nicht danken müsse, weil er noch am Leben sei sondern nur dafür, dass der Schöpfer ihn bestimmt habe diese Sorgen und Arbeiten weiterhin zu tragen. So wie er für das Volk diene, solle das Volk nun auch für Deutschland dienen und aktiv gegen Widerständler vorgehen. Es sei für jeden Deutschen Pflicht aktiv gegen jeglichen Widerstand vorzugehen, „sofort zu verhaften oder – wenn sie irgendwie Widerstand leisten sollten – [sie] ohne weiteres niederzumachen" (Z.58f). Des Weiteren seien die Befehle seinerseits sofort ohne nachzudenken, also „blind" (Z.60), auszuführen. Abschließend rundet er seine Ansprache mit einer kurzen Zusammenfassung ab. Er erwähnt nochmals, dass es ihm „vergönnt"(Z.63) gewesen sei dieses Attentat unversehrt zu überstehen, um weiterhin den

---

[12] ZeitKlicks, Was ist die Dolchstoßlegende?, http://www.zeitklicks.de/weimarer-republik/zeitklicks/zeit/politik/die-novemberrevolution/was-ist-die-dolchstosslegende/, aufgerufen am 17.02.2016

Auftrag der Vorsehung fortführen zu können. Er beendet seine Ansprache mit der Feststellung, dass er sein „Werk weiter fortführen muß" (Z.65f) und dem darauffolgenden Vorsatz weiterhin diese Aufgabe durch die Vorsehung mit Stolz, Ehre und vollem Selbstbewusstsein fortzuführen.

4.2 Zusammenfassung/Fazit

Zusammenfassend kann man sagen, dass Hitler durch seine Thesen, Anspielungen und Parallelen sehr geschickt versucht das Volk vom Widerstand abzuhalten. Dies macht er in dem er die Gruppierung der Verschwörer sehr abwertend und verräterisch charakterisiert und dabei aufführt wie Verlogen diese „Usurpatoren" waren. Er erklärt anschließend auch mehrmals, wie das Volk mit Widerständlern jeglicher Art umzugehen hat und beendet seine Ansprache mit der Feststellung, dass die Vorsehung ihn für diese gewaltige Aufgabe in Deutschland bestimmt habe.

4.3 Beurteilung/Bewertung

Hitler schafft mit dieser Ansprache die perfekte Grundlage um seine Politik trotz des Anschlages vom Vortag fortzuführen. Dabei legt er auch viel Wert darauf, das Volk von einem Widerstand fern zu halten.

Dies macht er geschickt, in dem er die Usurpatoren jedes Mal durch negative Adjektive charakterisiert und die Sinnlosigkeit eines Widerstandes erläutert.

Er versucht dieses Attentat deutlich als eines von vielen anderen gescheiterten Attentatsversuchen darzustellen. Es gelingt ihm dadurch sehr leicht den Anschein hervorzurufen, als würde hinter diesen Ereignissen etwas Übernatürliches stehen. Es sei kein Zufall, dass er jedes Mal heil davongekommen sei. Er ist völlig davon überzeugt von der Vorsehung bestimmt worden zu sein und rechtfertigt dadurch auch seine Herrschaft. Er sei der Auserwählte für diese Aufgabe. Die Unverwundbarkeit habe diese äußerst unglaubwürdige These seiner Ansicht nach bewiesen. Die Widerstandsgruppen versucht er durchgehend als klein und verräterisch darzustellen. Das Volk sollte davon überzeugt werden, dass es sehr wenig Verschwörer gegen Hitler gäbe. Vor allem betont Hitler auch, dass dieser Anschlag weder von der Wehrmacht, noch von dem deutschen Heer verübt worden sei. Es wäre für Hitler fatal gewesen, wenn die Bevölkerung davon überzeugt gewesen wäre, dass die Wehrmacht sich gegen Hitler gestellt hätte. Dies hätte dazu führen können, dass sehr viele aus dem Volk sich zum Widerstand motiviert hätten. Genau dies versucht er jedoch zu unterbinden. Er versucht auch das Volk zu verängstigen aber nicht vor ihm selbst sondern vor dem was mit Deutschland passiert wäre, wenn er nicht am Leben sei. Dabei zieht er sehr zeitnahe Parallelen wie z.B. dem Dolchstoß von 1918 und der darauffolgenden Niederlage. Er deutet auch mehrmals darauf hin, dass sein eigenes Leben unwichtig sei und er nur für sein Volk lebe. Für das Volk war dies wohl sehr glaubwürdig und Hitler konnte, in dem er sein Volk in den Vordergrund stellt wahrscheinlich auch sehr viel Sympathie bekommen. Es ist auch vorstellbar, dass er in dem er sich als Person unwichtig darstellt, die Bevölkerung die Ziele des Widerstandes nicht auf Hitler, sondern auf ganz Deutschland und auf das Volk selbst beziehen. Sehr bemerkenswert ist auch, dass Hitler über den Rundfunk Befehle an seine Zuhörer und Soldaten erteilt. Ich bin mir recht sicher, dass dies bei den Zuhörern eine regelrechte Bewunderung auslöste und auch mit dem Gedanken, dass sie für Deutschland dienen müssen auch die Befehle ausführten ohne es zu hinterfragen. Hitler befiehlt eigentlich jedem Deutschen als eine Art Spion durch die Gegend zu laufen und wenn jemand irgendwelche widerständischen Motive vorweist, diese sofort niederzuschlagen. Alle Gegner Hitlers und des NS-Regimes, hätten jeden Tag mit der Angst legen müssen, sogar von den eigenen Freunden verraten zu werden. Diese Befehle haben wahrscheinlich sehr viele Widerstandsgruppen aufgelöst, denn jeder lief mittlerweile als Spion herum und bei einem kleinen Fehler wären sie aufgeflogen. Hitler wirkt auch aufgrund seiner schnellen Personalbesetzung der Lücken sehr gut vorbereitet, als hätte er schon vorhergesehen, dass ein Attentat geschehen wird. Somit konnte er wahrscheinlich dem Volk sehr gut aufführen, wie handlungsfähig, flexibel und selbstbewusst er sei. Bei den Usurpatoren warf es wahrscheinlich die Frage auf, ob es überhaupt noch einen Sinn macht gegen ihn vorzugehen, in Anbetracht der Schwierigkeit, als auch der Gefährlichkeit solch einer Aufgabe. Hitler teilte auch mit, dass er nach der Beseitigung dieser „kleinen Clique" nun ein viel stärkeres Deutschland entstehen werde und die Soldaten in der Front stärken werde. Er versucht jedes Mal diese Handlungen damit zu rechtfertigen, dass nach der Beseitigung der Widerständler Deutschland viel stärker, viel besser sein werde. Ein perfektes Versprechen um das Volk zu täuschen und an seine Seite zu ziehen. Er lässt seine Entscheidungen auch von anderen Leuten indirekt bestätigen. Seine Exekutionspolitik lässt er indirekt von seinen Offizieren und Soldaten bestätigen, indem er sie erstmal als tapfer und anständig charakterisiert und anschließend versichert, dass diese auf jeden Fall seine Entscheidungen verstehen werde. Somit wirkt es auf die Zuhörer, als wären Hitlers Entscheidungen und Handlungen zweifellos richtig und anständig.

Später unterstellt er seinem Volk, dass sehr wenige sich vorstellen könnten, welches Unheil es für Deutschland angerichtet hätte, wenn das Attentat gegen ihn gelungen wäre. Dabei erreicht er direkt die Aufmerksamkeit der Zuhörer, die sich sehr wohl vorstellen können, was passiert wäre, denn diese hatte er ja bereits zuvor indirekt angesprochen wie z.B. durch die Dolchstoßlegende (vgl. Z.24), in der die widerständischen Sozialisten als Ursache für die Niederlage im ersten Weltkrieg angesehen werden.

Gegen Ende der Ansprache macht Hitler dann schließlich seine Erwartungen vom Volk klar. Er selber habe Tag und Nacht für sein Volk, für Deutschland gearbeitet. Jetzt solle das Volk nicht nur für Deutschland sondern auch für ihn dienen. Er spricht sogar klar aus, dass die Befehle „blind" (Z. 60) auszuführen seien und zwar nicht nur von seinen „anständigen" Offizieren und „tapferen" Soldaten sondern auch von allen anderen Bürgern. Dies war genau Hitlers Wunsch, als Diktator. Ein Volk, das seine Befehle ohne jegliche Hinterfragung befolgt. Ich kann mir recht gut vorstellen, dass diese Ansprache für das Volk eine Art Erleichterung war und sie Hitlers Thesen und Behauptungen folgen konnten. Würde man sich nach dieser Ansprache gegen das Regime wenden, stünde man im Auge des Volkes nicht als Gegner Hitlers, sondern als Gegner Deutschlands da.

Literaturverzeichnis

Bücher

- Christian Graf von Krockow, Eine Frage der Ehre, Berlin, 2002

- Gerd Ueberschär, Stauffenberg – Der 20. Juli 1944, Frankfurt am Main, 2004

- Peter Hoffmann , Stauffenberg – Die Biographie, München, 2007

- Harald Steffahn, Stauffenberg, Hamburg, 1994

- Guido Knopp, Stauffenberg- Die wahre Geschichte, 2008

Internetseiten

- Planet Schule, https://www.planet-schule.de/wissenspool/spuren-der-ns-zeit/inhalt/hintergrund/stauffenberg.html, aufgerufen am 29.02.2016
- 3Sat, http://www.3sat.de/page/?source=/ard/sendung/123971/index.html, aufgerufen am 29.02.2016
- Wasistwas, http://www.wasistwas.de/archiv-geschichte-details/20-juli-1944-das-gescheiterte-attentat-auf-hitler.html, aufgerufen am 02.02.2016
- Benanza,

http://www.benanza.de/index.php?option=com_content&view=article&id=244:stichtag-20-juli-1944-attentat-auf-adolf-hitler&catid=36:contemporary&Itemid=81, aufgerufen am 02.02.2016
- EF-Magazine, http://ef-magazin.de/2010/07/19/2194-20-juli-1944-es-lebe-das-geheime-deutschland, aufgerufen am 02.02.2016
- Lernhelfer, https://www.lernhelfer.de/schuelerlexikon/geschichte/artikel/claus-graf-schenk-von-stauffenberg, aufgerufen am 06.02.2016
- Hitler-Attentat, http://www.hitler-attentat.de/, aufgerufen am 10.02.2016
- N24, http://www.n24.de/n24/Wissen/History/d/5097270/viele-attentate-auf-hitler-sind-fast-vergessen.html, aufgerufen am 10.02.2016
- Geschichtsthemen, http://www.geschichtsthemen.de/attentate_chronik.htm, aufgerufen am 10.02.2016
- Georg Elser, http://www.georg-elser-arbeitskreis.de/texts/geverhoer3.htm, aufgerufen am 10.02.16
- Der Spiegel, Mussolinis Sturz und Italiens Frontwechsel, http://www.spiegel.de/spiegel/print/d-46409509.html, aufgerufen am 17.02.2016
- ZeitKlicks, Was ist die Dolchstoßlegende?, http://www.zeitklicks.de/weimarer-republik/zeitklicks/zeit/politik/die-novemberrevolution/was-ist-die-dolchstosslegende/, aufgerufen am 17.02.2016
- Rundfunkrede:

http://www.1000dokumente.de/index.html?c=dokument_de&dokument=0083_ahr&object=translation&st=&l=de